Cleber Galhardi
Ilustrações: Rafael Sanches

Instituto Beneficente Boa Nova
Entidade coligada à Sociedade Espírita Boa Nova
Av. Porto Ferreira, 1.031 | Parque Iracema
Catanduva-SP | CEP 15809-020
www.boanova.net | boanova@boanova.net
Fone: (17) 3531-4444

Muitos, muitos anos atrás, há mais de dois mil anos,
viveu na Terra um homem especial. Ele se chamava Jesus.
Desde criança, demonstrava uma inteligência superior à de
todas as outras que existiam no planeta.
Esse homem trabalhou com seu pai, que era carpinteiro.
Quando cresceu, Jesus começou a ensinar coisas especiais
para as pessoas. Ele falava sobre Deus, o Ser que criou
tudo o que existe e que é puro amor.
Jesus amava as pessoas, por isso estava sempre ao lado delas.
As pessoas o chamavam de Mestre, porque ensinava
os que estavam a sua volta.
As pessoas paravam para escutar as histórias que Jesus contava. Essas
histórias ficaram conhecidas como parábolas.
Além das parábolas, o Mestre Jesus demonstrava
amor pelo próximo curando os doentes.
Estava sempre em contato com a natureza, orando,
ensinando e prometendo um lugar muito especial
chamado Reino dos Céus.
Infelizmente, nem todos entenderam o amor de Jesus pelas
pessoas, e isso fez com que ele fosse crucificado.
Mesmo assim, Jesus pediu a Deus que perdoasse a
ignorância daqueles que o haviam crucificado.
Como Jesus era pura bondade, prometeu aos homens que
enviaria um Consolador. Esse Consolador tem como objetivo
explicar tudo aquilo que Jesus disse, e se chama Espiritismo.
O Espiritismo tem os principais ensinamentos de Jesus em
um livro chamado *O Evangelho segundo o Espiritismo*.
Lendo e estudando esse livro, vamos entender a beleza
da vida e dos ensinamentos do Mestre.
Uma vida tão bela não pode ficar em preto
e branco, não é mesmo?
Por isso, nas páginas seguintes, você vai ver ilustrações relacionadas a
O Evangelho segundo o Espiritismo, com
frases ditas por Jesus. Vamos aprender um pouco mais
sobre o Mestre, dando um colorido especial a nossa vida através da
presença de Jesus?
Divirta-se e aproveite a companhia do melhor
homem que já existiu.

Existem três momentos especiais na história da humanidade. Esses momentos trouxeram ensinamentos valiosos e foram chamados de revelações. A primeira foi dita por Moisés, a segunda, por Jesus, e a terceira, pelo Espiritismo.

Não penseis que vim destruir a lei ou os profetas; não vim para destruí-los, mas para dar-lhes cumprimento.

Jesus ensinou que a verdadeira vida não é a que vivemos na Terra, e sim aquela que chamamos de vida espiritual.

Pilatos, tornando a entrar, pois, no palácio, e tendo feito vir Jesus, disse-lhe: Sois o rei dos Judeus? Jesus lhe respondeu: Meu reino não é deste mundo.

O universo é a casa de Deus. Não sabemos, ao certo, quantos mundos existem. O que sabemos é que todos eles são importantes porque neles habitam espíritos que precisam aprender mais sobre a vida.

Que vosso coração não se turbe[1]. Crede em Deus, crede também em mim. – Há muitas moradas na casa de meu Pai.

[1] Turbe: causar ou sofrer perturbação, desequilíbrio, alteração da ordem.

Nascemos e morremos várias vezes. Conhecemos como reencarnação nosso retorno para viver aqui na Terra.

Jesus lhe respondeu: Em verdade, em verdade vos digo: Ninguém pode ver o reino de Deus se não nascer de novo.

Nossas dificuldades são exercícios necessários para aprendermos as lições que Jesus ensinou.

Bem-aventurados os que choram, porque serão consolados.

Jesus desejava ensinar o caminho para a felicidade, por isso estava sempre nos convidando a segui-lo.

Vinde a mim, todos vós que estais aflitos e sobrecarregados, e eu vos aliviarei.

A humildade é o caminho seguro para nos tornarmos seres humanos melhores.

Bem-aventurados os pobres de Espírito, porque deles é o Reino dos Céus.

O mundo ideal é aquele em que o respeito ao amigo, familiar ou colega é o seu primeiro dever.

Bem-aventurados os pacíficos, porque eles serão chamados filhos de Deus.

O perdão é melhor jeito de manter a paz no coração.

Se perdoardes aos homens as faltas que eles fazem contra vós, vosso Pai celestial vos perdoará também os vossos pecados.

Mesmo os que se dizem nossos inimigos também são merecedores do nosso respeito.

Sede, pois, cheios de misericórdia, como vosso Deus é cheio de misericórdia.

Faça sempre o bem sem esperar retribuição. É sempre melhor ajudar do que ser ajudado.

Mas, quando derdes esmola, que a vossa mão esquerda não saiba o que dá a vossa mão direita...

Caridade é algo que fazemos e sentimos quando o amor é a base de nossas ações.

Eu vos digo, em verdade, que, quantas vezes o fizestes com relação a um destes mais pequenos de meus irmãos, é a mim mesmo que o fizestes.

Rico é aquele que sabe usar os dons que recebeu de Deus.

... porque, em qualquer abundância em que o homem esteja, sua vida não depende dos bens que ele possua.

Os bons espíritas estão sempre dispostos ao exercício do amor e da caridade.

Sede, pois, vós outros, perfeitos, como vosso Pai celeste é perfeito.

Mais importante que as palavras são os exemplos que damos pela prática do bem.

Aqueles que dizem: Senhor! Senhor! não entrarão todos no Reino dos Céus; mas somente entrará aquele que faz a vontade do meu Pai, que está nos céus.

A fé dá energia e gera força para vencermos os obstáculos.

Se tivésseis fé como um grão de mostarda, diríeis a esta montanha: Transporta-te daqui para ali, e ela se transportaria, e nada vos seria impossível.

Os espíritas são os trabalhadores da última hora, por isso nunca dispensam trabalho.

Assim, os últimos serão os primeiros, e os primeiros serão os últimos, porque são muitos os chamados e poucos os escolhidos.

Somente boas árvores podem produzir bons frutos.

O homem de bem tira boas coisas do bom tesouro do seu coração, e o mau tira as más do mau tesouro do seu coração, porque a boca fala do que está cheio o coração.

Jesus era muito sábio, mas as pessoas nem sempre entendiam o que ele estava ensinando.

Jesus lhe disse: Ninguém, que lança mão do arado e olha para trás, é apto para o reino de Deus.

Todos os que buscam Jesus são iluminados pelo conhecimento dele.

Não se acende uma candeia¹ para colocá-la sob o alqueire²; mas a colocam sobre um candeeiro, a fim de que ela clareie todos aqueles que estão na casa.

¹Candeia: pequena peça de iluminação
²Alqueire: área de terra

Quem se ajuda, será ajudado.

Pedi e se vos dará; buscai e achareis; batei à porta e se vos abrirá; porque quem pede recebe, quem procura acha, e se abrirá àquele que bater à porta.

Se você possui um dom, deve ajudar as pessoas sem cobrar nada por isso.

Dai gratuitamente o que gratuitamente recebestes.

Toda prece que sai do coração será ouvida por amigos espirituais que nos amam e querem nosso bem.

O que quer que seja que pedirdes na prece, crede que o obtereis, e vos será concedido.